Willenskraft stärken

Jeder kann mehr, als er denkt!
Stärke deine Willenskraft - in einfachen Schritten.

Christopher Lodge

1. Auflage

Inhaltsverzeichnis

Vorwort

In diesem kompakten Ratgeber soll es darum gehen, Ihnen zu erläutern, was es denn auf sich hat - mit der Willensstärke. Es soll darum gehen, wie Sie Ihre Willenskraft für sich nutzen können, um Ziele und Wünsche umzusetzen und zu erreichen. Ich möchte Ihnen einige Tipps und Methoden mit auf dem Weg geben, wie Sie die Kraft Ihres Willens dahingehend trainieren können, dass es Ihnen zukünftig leichter fallen wird, sich auf Ziele zu fokussieren und diese schneller und sicher zu erreichen.

Dieses soll an der Praxis orientiert und lebensnah geschehen. Es geht hier nicht um philosophische Diskussionen, ob es denn überhaupt einen freien Willen gibt, der gestärkt werden kann. Die Prämisse dieses Ratgebers ist: Der freie Wille existiert und wir haben unser Leben und das, was wir daraus machen selbst in der Hand. Wir können uns frei entscheiden, was wir uns für Ziele setzen und wir können sie erreichen - wenn wir wollen und daran arbeiten.

Willensstärke: Was ist das eigentlich?

Damit wir uns verstehen und wir mit den gleichen Voraussetzungen in den eigentlichen Ratgeberteil starten, klären wir kurz, um was es geht, wenn in diesem Text von der Willenskraft gesprochen wird.

Willenskraft bedeutet, die geistige und mentale Stärke zu haben, um mit seinen vorhandenen Kompetenzen die verschiedensten Ziele, zunächst zu formulieren und diese dann entsprechend zielstrebig zu verfolgen und zu erreichen. Die Kraft dabei ist, sich nicht ablenken zu lassen. Den Weg konsequent zu gehen und sich zwischendurch, nicht entmutigen zu lassen. An sich und seinen Vorhaben zu glauben, auch wenn sich einem Widrigkeiten in den Weg stellen - das ist Willenskraft.

Mit Willensstärke sollen sich alle Ziele erreichen lassen. Was können das für Ziele sein? Grundsätzlich kann alles, was Sie als einzelne Person erreichen können, ein mögliches Ziel sein. Zunächst dürfen Sie, bevor sie ein Ziel benennen, gerne ein bisschen träumen. Beispielsweise, wenn Sie sich die Frage stellen, wo Sie sich in fünf Jahren sehen. Sie leben jetzt in einer kleiner Wohnung und hätten in absehbarer Zeit lieber ein Häuschen im Grünen? Sie sind abends immer alleine, hätten aber gerne eine Partnerin /einen Partner? Sie müssen sich heute immer vor dem Chef ducken, hätten aber lieber Führungsverantwortung? Grundsätzlich ist erstmal alles erlaubt. Bleiben sie bei aller Träumerei trotzdem auf dem Boden und formulieren Sie nicht: "Ich will der nächste Bundeskanzler werden." Ich kenne Sie nicht und will Ihnen nicht absprechen, dass Sie das könnten. Es geht bei der Entwicklung (und beim späteren Training) von Willensstärke auch darum, sich in seinem Rahmen und in seinem persönlichen gesellschaftlichen Kontext richtig einzuordnen. Dazu gehört auch, eine realistische Einschätzung seiner Person und seines Umfelds. Dass wir in diesem Ratgeber über unseren bisherigen Möglichkeiten hinausgehen wollen, ist ein erklärtes Ziel und ich sage auch, dass wir mehr können als wir bisher geglaubt haben. Aber dennoch: Keine Hirngespinste, bitte!

Wie organisiere ich mich selbst? Wie ordne ich das Chaos in meinem Kopf? Wie schaffe ich es, eine Diät durchzuhalten, ohne immer wieder in Versuchung geführt zu werden?

Warum ist manch einer so willensstark und ich bin es nicht? Warum scheitere ich, wo andere siegen?

Jemand der eine starke Willenskraft besitzt hat ausgeprägtere Fähigkeiten, als andere Menschen. Eine davon ist, dass er problemlos störende Faktoren, die ihm beim Erreichen von Zielen hindern könnten, ausblenden kann. Wenn sie ihm direkt im Weg stehen, schafft er sie mühelos beiseite. Willensstärke bedeutet auch ein gutes Selbstmanagment zu besitzen. Er weiß sich stets, gut zu organisieren. Sich mit den Dingen zu beschäftigen, die wichtig sind. Alles andere wird ohne große Anstrengung bei Seite gelegt.

Selbstdisziplin - auch die unterscheidet willensstarke Persönlichkeiten von den anderen.

Vertrauen in sich selbst und Entschlossenheit - Das sind ebenfalls Attribute einer Person mit Willenskraft.

Während der eine sich in seine ungeordneten Gedanken verliert und immer wieder das Für und Wieder abwägt, ob er sich denn nun auf die besser bezahlte Stelle bewerben soll oder nicht, hat der andere längst eine Bewerbung abgeschickt und bereitet sich auf das Vorstellungsgespräch vor.
Menschen, die eine starke Willenskraft haben, sind ihren Mitmenschen immer eine Nasenlänge voraus. Doch keine Sorge, auch Sie werden lernen, wie Sie sich mit mehr Kompetenzen wappnen und Ihre Willensstärke fördern und trainieren können, damit Sie nicht mehr das Nachsehen haben. Eine starke

Willenskraft zu haben, führt automatisch zu mehr Erfolg, zu mehr Anerkennung und zu mehr Zufriedenheit. Stärken Sie Ihre Willenskraft, gelingt es Ihnen spielerisch, auf Ihre eigenen Ressourcen zurückzugreifen und diese zu stärkeren Kompetenzen, Fertigkeiten und Fähigkeiten auszubauen.

Finden Sie heraus, was Sie wollen!

Um unsere Willenskraft zu stärken, wollen wir Schritt für Schritt vorgehen. Bisher haben wir Veränderungen oder auch anliegende Aufgaben gerne vor uns hergeschoben und uns lieber mit Ablenkungen zerstreuen lassen. Jetzt müssen wir uns erstmal klar werden, was wir verändern wollen und welche Dinge wir anpacken möchten. Es geht jetzt nicht darum, irgendwelche hehre Ziele am nächsten Tag umgesetzt zu haben Es geht vielmehr darum, in uns selbst zu blicken, um zu erfahren, wohin die Reise eigentlich gehen soll.

Was an Ihrem Alltag oder im Job, lässt bei Ihnen ein ungutes Gefühl zurück? Was glauben Sie, wollen Sie ändern, um gesünder zu werden? Fühlen sie sich zu oft einsam? Sind Sie im Job überfordert? Und wenn ja: Grundsätzlich oder mit vielleicht nur einzelnen Aufgaben?

Stellen Sie sich solche Fragen und hören Sie zunächst nur auf Ihr Gefühl. Was macht Sie traurig? Womit geht es Ihnen nicht gut?

Machen sie das einen ganzen Tag lang. Fangen Sie morgens beim Aufstehen an. Stehen sie gerne auf oder würden sie lieber im Bett bleiben? Wie ist es mit dem Weg zur Arbeit? Fühlen Sie sich gestresst, weil Sie zu spät losgekommen sind? Oder auch andersrum: Gehen Sie immer zu früh los und ärgern sich, dass Sie dem ohnehin langem Arbeitstag noch mehr Zeit widmen, weil Sie grundsätzlich überpünktlich sind - ohne zu wissen, warum eigentlich und wofür? Begleiten Sie auch Ihren Arbeitstag, erstmal nur für diesen einen Tag, einmal ganz bewusst mit dem Gefühl. Wenn möglich, machen Sie sich Notizen. Schreiben sie auf, gerne mit Uhrzeit, wann sie unzufrieden sind. Vielleicht haben Sie in diesem Moment schon eine Ahnung und glauben zu wissen, warum Sie in dem Moment Unzufriedenheit spüren. Notieren Sie sich aus das.

Wenn Sie das einen Tag konsequent durchgezogen haben, kann ich Sie bis hierher beglückwünschen. Den Willen, sich Ihr Leben genauer anzuschauen und einmal auf die Gefühlsebene zu gehen haben sie bewiesen. Alleine diese Bereitschaft ist schon der Anfang und zeigt tendenziell, dass Sie sich zu einer willensstarken Person entwickeln können.

Gehen Sie diesen Tag am Abend noch einmal vor ihrem geistigen Auge durch. Lesen Sie die gemachten Notizen. Aber bewerten Sie jetzt noch nichts. Rufen sie sich nur nochmal genau in Erinnerung, wann, wo und (wenn Sie es wissen) warum Sie sich an diesem Tag unwohl gefühlt haben. Sie brauchen jetzt in diesem Moment daraus noch keine weiteren Schlüsse ziehen. Eine Nacht darüber schlafen und versuchen nicht mehr bewusst an diesen Tag zu denken. Dass Sie sich an diesem Tag so bewusst und auf andere Art und Weise mit ihrem Tagesgeschäft auseinander gesetzt haben, arbeitet von alleine über Nacht in Ihnen weiter. Sie können beruhigt schlafen gehen.

Es ist gut möglich, dass Sie am nächsten Morgen schon eine Ahnung haben, was Sie womöglich in Ihrem Leben verändern wollen. Wenn das nicht der Fall ist, machen Sie sich keine Gedanken, sondern wiederholen Sie so einen Tag wie den vorigen einfach nochmal. Immer daran denken, es geht zunächst nur um Ihr Gefühl zu den verschieden Abschnitten des Tages. Beobachten Sie sich selbst, wann und zu welcher Zeit sie mit sich, den von Ihnen ausgeführten Tätigkeiten oder mit den Personen, mit denen Sie im Laufe eines Tages zu tun haben, unzufrieden sind und sich unwohl fühlen. Wiederholen Sie das solange bis Sie an einem Morgen sagen können: "Das will ich ändern!"

Ziele werden wir größtenteils über die Ebene der Vernunft erreichen. Dazu werden wir noch kommen. Dass wir bei der Zielfindung über das Gefühl gehen, hat einzig den Grund, dass wir glücklich werden wollen und zu uns selbst finden.

Denn es wird keinen Sinn machen, Ziele aufzustellen, weil es von außen so erwartet wird. Zum Beispiel ein Vorwurf wie: "Du arbeitest jetzt seit zwanzig Jahren auf dieser Position. Meinst du nicht, du solltest mal langsam vorankommen und mehr Geld verdienen?"

So ein Satz kann Ihnen herzlich egal sein, wenn Sie voll und ganz aufgehen, bei dem was Sie tun. Ist dies nicht der Fall, dann hören Sie auf Ihr Gefühl und benennen schließlich, was Sie stört.

Ist es vielleicht gleich morgens das Spiegelbild im Badezimmer? Finden Sie sich zu dick und wollen endlich mal eine Diät anfangen?

Ist Ihnen die Wohnung zu klein, zu miefig? Möchten Sie die Herausforderungen in Ihrem Job endlich besser meistern? Oder suchen Sie nach neuen Herausforderungen?

Nachdem Sie eine Weile aufmerksam Ihren Alltag beobachtet haben, werden Sie in der Lage sein, die Dinge zu benennen, die Sie stören. Tun Sie es und sprechen Sie sie laut aus. Stellen sie sich vor einem Spiegel und sagen Sie lauthals aus sich heraus:

"Ich will abnehmen!"
"Ich will nicht mehr alleine sein!"
"Ich will auf der Arbeit zurecht kommen!"

Wenn Sie das geschafft haben, sind Sie schon weit gekommen. Sie können jetzt benennen, was Sie ändern möchten. Sie müssen dies nun nur noch ein wenig umformulieren. Sagen Sie dann nicht mehr: "Ich will abnehmen".

Stattdessen sagen Sie: *"Ich möchte (und ich werde) fünfzehn Kilogramm abnehmen."*

Sie haben ein Ziel!

Möglicherweise gibt es mehrere Bereiche in Ihrem Leben und es gab bei Ihren Alltagsbeobachtungen mehrere Situationen, aus denen sich nun herauskristallisiert hat, dass es etwas zu ändern gibt. Da es nun darum gehen soll, wie wir mit Willensstärke unsere Ziele erreichen können, beziehungsweise zunächst unsere Willenskraft dahingegend zu stärken, dass wir es überhaupt schaffen, empfiehlt es sich grundsätzlich, sich zunächst ein Ziel herauszusuchen. Versuchen Sie nicht gleich Ihr ganzes Leben auf einmal zu ändern. Setzen Sie sich ein Ziel und zerlegen Sie dieses in mehrere Teilziele.

Wenn wir bisher dazu geneigt haben, immer alles auf die lange Bank zu schieben und der innere Schweinehund bisher dafür gesorgt hat, dass wir uns in kleinen Angenehmlichkeiten verlieren, anstatt Veränderungen anzugehen oder unsere Aufgaben zeitnah zu erledigen, dann werden uns große Ziele schnell entmutigen und wir werden diese nicht erreichen. Der Weg zum großen Erfolg ist lang und steinig. Daher ist es besser kleinere Ziele zu formulieren, die aber den richtigen Weg schon deuten. Bei einer Diät wäre das einfachste Beispiel: anstatt sofort fünfzehn Kilogramm abnehmen zu wollen, wird erstmal nur das erste Kilogramm benannt. Das ist etwas überschaubarer und die Gefahr, dass wir uns schnell entmutigen lassen, ist deutlich geringer. Und wie gesagt: Es ist ein Teilziel. Das Endziel kommt auch noch. Der Hintergedanke dabei ist: Je mehr kleinere Ziele wir erreichen, desto selbstbewusster werden wir im Laufe der Zeit. Wir werden immer schneller darin, Ziele zu benennen und setzen sie immer rascher um. Angespornt vom ersten Erfolg, gehen wir dann direkt weiter zum nächsten.

Fangen Sie an, Ihren Willen zu stärken!

Bisher haben wir gelernt, wie man seine Wünsche aufspüren und daraus den Wunsch nach Veränderung benennen und erste (Teil-)Ziele formulieren kann. Dass wir ein zumindest kleines Ziel vor Augen haben, soll uns dabei motivieren, weitere Veränderungen in unserem Leben vorzunehmen, um unsere Willenskraft zu stärken. In unserem bisherigen Leben haben wir keinen ausreichend starken Willen gehabt, um uns und unser Leben zufriedenstellen zu gestalten. Wir haben es nicht geschafft zielstrebig an Projekten, welcher Art auch immer, zu arbeiten. Mit einem neu benannten Ziel vor Augen, wollen wir es nun schaffen, unser Leben neu zu ordnen und zu gestalten.

Räumen Sie auf!

Aufräumen hilft uns dabei, den Kopf frei zu kriegen. Es gibt uns das Gefühl, dass wir uns von Ballast befreien und es gibt uns Raum und Energie für neue Projekte und Herausforderungen. Das Aufräumen ist einerseits ein symbolischer Akt, der ein für uns neues Zeitalter einläuten soll, anderseits hilft es uns tatsächlich, uns nicht nur vom materiellen Müll zu befreien. Auch der Innenbereich, also die Seele und der Geist, können von der Schwere der Vergangenheit gereinigt werden. Doch fangen Sie im außen an!

Entrümpeln Sie einmal ordentlich Ihren Schreibtisch. Alles, was dort nichts zu suchen hat und was längst erledigt ist, muss weg. Keine überflüssigen Notizzettel, keine leeren Kaffeebecher. Nichts dergleichen hat dort mehr zu suchen.

Räumen Sie auch Ihre Wohnung auf. Wenn Sie meinen, das sei nicht nötig, suchen Sie eine rumpelige Ecke, die bisher vernachlässigt wurde. Oder verrücken Sie Möbel. Stellen Sie sie um und gestalten die Wohnung ein bisschen anders. Zwingen Sie sich dazu, wenn Ihnen der Antrieb dazu fällt. Sie werden merken, es geht Ihnen hinterher ein bisschen besser. Um Ziele zu erreichen und die dazu benötigte Willenskraft aufzubringen, die uns bisher gefehlt hat, sind solche symbolischen Veränderungen sehr hilfreich. Sie merken dabei, wie sie durch kleine Aktionen und eigenes Handeln, ihren geistigen Zustand verbessern können. Ihr Unterbewusstsein lernt dabei (nicht gleich beim ersten Mal), dass Sie handeln können und Ihr Tun zu (kleinen) Erfolgen führen kann. Das ist ein kleiner aber wichtiger Lernprozess, bei dem Ihre Willenskraft eine erste Stärkung erfährt. Wichtig dabei ist, dass Sie sich die Aufräumaktion vornehmen und dann auch sofort umsetzen. Vermeiden Sie dabei, sich ablenken zu lassen und die Aktion zwischendurch zu unterbrechen. Nehmen Sie sich von vornherein nicht all zuviel vor, wenn Sie das Gefühl, Sie ziehen das eh nicht durch. Dann sollte zunächst die Oberfläche des Schreibtisches oder das kleine Regal im Speicher neben der Küche reichen. Lieber weniger vornehmen und es dann rasch erledigen, sollte das Motto sein. Dann wird der erste Lernprozess auch ein erster Erfolg. Denken Sie daran, das soll nur ein Training sein. Wenn Sie größere Ziele haben, brauchen Sie in der Regel auch einen langen Atem. Wie wollen Sie das schaffen, wenn Sie es nicht mal schaffen, ihren Schreibtisch aufzuräumen, ohne nach fünf Minuten auf Ihr Smartphone zu schauen oder direkt eine Kaffeepause einzulegen. Beweisen Sie sich zunächst im kleinen, dass Sie nicht ganz so ablenkbar und unkonzentriert bei der Sache sind, wie Sie bisher geglaubt haben.

Trainieren Sie, um mehr Selbstdisziplin aufbringen zu können!

Ausreichend Willenskraft, die wir brauchen, um unsere Ziele zu erreichen und Veränderungen in unserem Leben anzustoßen und umzusetzen, scheint dem einem gottgegeben. Wir hatten diese Willenskraft bisher nicht, zumindest nicht in der Stärke, die wir uns wünschen.

Willensstärke kann hier fast als Synonym für Selbstdisziplin stehen. Und nun geht es darum, diese zu trainieren. Damit fangen wir im kleinen an, damit wir, wenn wir die größeren Ziele angehen werden, schon auf erste Erfolge zurückblicken können. Das stärkt auch den Glauben an uns selbst und motiviert uns, diese Ziele und Veränderungen dann schlussendlich auch angehen zu können.

Wo und wie trainieren wir denn nun Selbstdisziplin? Der Alltag sollte uns dafür genügend Möglichkeiten bieten. Sie können Ihren gesamten privaten und auch beruflichen Alltag auf den Prüfstand zu stellen. Es werden sich genug Möglichkeiten auftun. Ich würde grundsätzlich empfehlen zunächst zu Hause, Veränderungen zu üben. Damit meine ich einfach kleine festgefahrene Gewohnheiten zu ändern und Abläufe, die Sie zu Hause regelmäßig durchführen, umzukrempeln und anders durchzuführen. Der Alltag läuft in der Regel bei uns allen recht automatisiert ab. Wir denken nicht viel darüber nach, wenn wir morgens aufstehen und erstmal ins Bad gehen, um Zähne zu putzen und die

Morgentoilette durchzuführen. Kaffee kochen, Katze füttern, Handy checken. Jeder hat seine morgendlichen Gewohnheiten und Rituale, die routiniert abgespult werden. Hilft ja auch, um wach zu werden und gemacht werden muss es ja eh. Richtig! Aber werden Sie zukünftig nicht erst wach, wenn Sie Ihre Routine abspulen. Werden Sie schon vorher wach! Werden Sie sich bewusst, dessen was sie gerade tun und sprechen Sie es deutlich aus!

"Ich koche mir jetzt einen leckeren Kaffee!" Oder auch: "Ich füttere jetzt meine Katze!"

Es wird Ihnen mit Sicherheit ein bisschen komisch vorkommen und zugegeben ein bisschen albern komme ich mir auch dabei vor. Dennoch, um Veränderungen anschieben zu können oder überhaupt zu erkennen, was ich verändern will, muss ich mir zunächst erstmal bewusst werden, was ich eigentlich den ganzen Tag mache. Katze füttern, Zähne putzen, Kaffee kochen - All dies werden wir auch weiterhin tun, keine Frage. Allerdings bieten gerade diese kleinen Erledigungen im Alltag schon erste und gute Trainingsmöglichkeiten. Verändern Sie die Abläufe, die Sie regelmäßig abspulen! Tun Sie es auch, wenn Sie Ihnen bisher durchaus sinnvoll und die Abläufe optimiert erschienen sind.

Füttern Sie zuerst die Katze, gehen Sie dann auf die Toilette, kochen Sie erst jetzt den Kaffee und putzen Sie erst im Anschluss die Zähne. Sie können diesen Ablauf jeden Tag ein bisschen anders gestalten. Auch die einzelnen Handgriffe der verschiedenen Vorgänge lassen sich verändern. Wenn Sie die Zähne immer mit der rechten Hand putzen, dann tun Sie es auch mal mit der linken.

Wichtig dabei ist, dass die Sache ernst genommen wird und Sie vorher festlegen, was Sie an dem einzelnen Tag anders machen wollen. Entscheiden Sie spontan, dass Sie heute die Zähne mit der linken Hand putzen, trainiert das zwar auch durchaus einzelne Gehirnregionen. Uns geht es aber darum, dass wir uns im Vorfeld etwas vornehmen und das dann umsetzen. Wenn wir das in so kleinen Dimensionen machen, wie gerade beschrieben, dann tut das niemanden weh, der Effekt ist aber enorm. Machen Sie das eine Weile regelmäßig, starten sie wacher und aktiver in den Tag und Ihre Selbstdisziplin wird langsam etwas stärker. Wenn es sehr gut läuft, werden Sie schon bald heiß darauf werden, etwas mehr zu tun. Zähne putzen mit der linken Hand ist ja gut und schön, werden Sie vielleicht denken, aber mein Leben verbessert das ja nicht wirklich.

Gut, damit werden Sie Recht haben. Aber auch in Ihrem Alltag gibt es sicherlich Angewohnheiten, die bei Veränderung einen kleinen Einfluss auf die Lebensqualität haben könnten. Der nächste Schritt auf unserem Weg, die Willenskraft zu stärken, ist klar: Wir ändern diese Gewohnheiten - auch wieder zunächst in ganz kleinen Schritten!

Rauchen Sie? Ich weiß, dass es nicht leicht ist, damit aufzuhören. Möglicherweise ist das eines Ihrer Ziele. Sie können sich schon jetzt während des Trainings für mehr Selbstdisziplin, in die richtige Richtung begeben. Lassen Sie gezielt die eine oder andere Zigarette, die aus purer Gewohnheit geraucht wird, ausfallen. Oder verschieben Sie sie zumindest um eine halbe Stunde nach hinten. Die Zigarette nach dem ersten Kaffee morgens oder die Zigarette nach dem Essen. Sagen Sie sich: "Diese Zigarette rauche ich nicht!" Das schaffen Sie. Es ist ja (erstmal) nur eine Einzige.

Trinken Sie viel Kaffee? Kaffee in Maßen ist ja durchaus gesund. Doch je mehr wir davon trinken, desto schlechter ist der erwünschte belebende Effekt. Zuviel Kaffee macht uns wegen des Koffeins nervös und reizbar. Lassen Sie auch hier gezielt die eine oder andere Tasse weg. Nehmen Sie sich vor, auch mal was neues auszuprobieren. Wie wäre es mit grünem Tee zum Beispiel? Das im grünen Tee enthaltene Teein wirkt weniger aufputschend, belebt dennoch und ist um einiges gesünder und bekömmlicher. Probieren sie es einfach aus. Zum Beispiel, in dem Sie mit sich vereinbaren: "Vormittags trinke ich Kaffee und nachmittags Tee!"

Wenn Sie sich das vornehmen, dann ziehen Sie es bitte auch durch. Sie müssen es ja nicht bis in alle Ewigkeiten so beibehalten. Aber setzen Sie sich sowas wie eine Testphase von einer Woche, in der Sie das ausprobieren und gucken, wie Sie damit zurecht kommen. Zumindest diese Probewoche ziehen Sie dann bitte auch durch. Dann haben Sie sich ein kleines Ziel gesetzt und können zu Recht stolz sein, wenn Sie es erreicht haben. Dann können Sie gerne neu entscheiden, ob sie beim Tee bleiben oder doch lieber wieder zum Kaffee wechseln. Es geht ja bei solchen Versuchen nicht darum, unser Leben und unsere Gewohnheiten so zu ändern, dass es uns schlechter gefällt als vorher. Aber neue Sachen ausprobieren und ihnen eine faire Chance zu geben, trainiert unseren Geist, macht uns aktiver und offener. Zudem geht es in erster Linie ja um die Stärkung der Disziplin und dafür sind solche Experimente im Alltag ideal!

Die Ablenkungen des Alltags sind etwas, was uns häufig daran hindert unsere Arbeit zufriedenstellend zu erledigen. Wenn auf dem Smartphone eine Nachricht erscheint, greifen wir nur zu gerne hin. Ob wir gerade an einen wichtiges Projekt sitzen oder in einem Gespräch sind, ist uns dabei häufig egal. Das Handy ist ein typisches Beispiel für eine von außen generierte Ablenkung. Wenn wir Veränderungen anstreben, dann können wir es nicht, wenn wir nicht zielgerichtet vorwärts gehen und uns schon ein kleiner Signalton des Handys vom Weg abbringen kann. Sie haben auch hier die Möglichkeit zu trainieren. Führen Sie ein paar Regeln ein und setzen Sie sich selbst bewusst Zeiten, in denen Sie offline gehen. Muss das Handy die ganze Nacht auf Empfang sein? Die beliebteste Antwort ist immer: "Falls mal was mit der Familie ist..."

Vergessen Sie solche Gedanken. Nachts kann das Handy ausgeschaltet werden, zumindest die Datenverbindung kann getrennt werden. Auch am Tage können Sie sich bewusst eine Stunde freimachen von der virtuellen Verbindung zur Welt. Ich lasse jedes Argument, dass jemand für seinen Job erreichbar sein muss gelten, aber eine Stunde am Tag ist immer drin. Mit Sicherheit! Gehen Sie offline und das bewusst und zu einer festgelegten Zeit. Bleiben Sie dabei!

Schauen Sie sich Ihren Alltag und Ihre Gewohnheiten weiter an und überlegen Sie, was noch geändert werden kann und was sich festgefahren hat. Es gibt viele Dinge, die man ändern kann, um Disziplin zu trainieren. Keine der Veränderungen muss von Dauer sein. Das Wichtige ist nur, dass Sie etwas tun. Sich etwas vornehmen und es für einen festgelegten Zeitraum durchziehen. Es muss auch nicht unbedingt etwas sein, dass Ihren Alltag verbessert. Aber möglicherweise tut es das dann doch. Vorher können Sie das nicht wissen. Um etwas zu wissen, muss man es gemacht haben. Gedanken wie "Das bringt doch nichts" oder "Das hat keinen Sinn" sind nicht relevant. Die haben hier nichts zu suchen!

Sie möchten noch ein paar Beispiele für Sachen, die im kleinen und für eine Weile geändert werden können, möglicherweise auch dauerhaft? Dann probieren Sie gerne noch etwas von folgenden Ideen aus:

- Legen Sie einen vegetarischen Tag in der Woche fest!

- Gehen Sie mindestens dreißig Minuten am Tag spazieren!
- Gehen Sie eine Woche lang eine Stunde früher ins Bett!
- Stehen Sie eine Woche lang eine Stunde früher auf!
- Lassen Sie das Auto eine Woche lang stehen!
- Planen Sie einen festen Wellness-Tag in der Woche ein!
- Legen sie einen Tag fest, an dem der Fernseher ausbleibt!
- Nehmen Sie sich vor, ein Buch von vorne bis hinten durchzulesen, auch wenn es Ihnen
- nicht gefällt!
- Verzichten Sie eine Woche lang auf Alkohol!
- Planen Sie einen kleinen Ausflug und ziehen Sie diesen durch!

- Verpassen Sie Ihrer Wohnung einen neuen Anstrich - auch wenn es nicht nötig ist und Sie
- meinen keine Zeit dafür zu haben!
- Rufen Sie einen vernachlässigten Freund an und schlagen Sie ein Treffen vor!
- Lassen Sie sich auf einen Besuch ins Museum ein, auch wenn Sie im ersten Moment keine
- Lust dazu haben!

Sie sehen, dass sich mit ein bisschen Phantasie und bei Betrachtung der eigenen Gewohnheiten und des eigenen Alltags schnell ein paar Sachen finden lassen, die Sie vorübergehend ändern und ausprobieren können. Beachten Sie bitte, dass oben genannte Ideen lediglich unverbindliche Denkanstöße sein sollen und mir klar ist, dass nicht jeder alles davon umsetzen kann. Es geht ja auch nur darum etwas zu finden, an dem wir uns ausprobieren können, um unsere Disziplin zu stärken. Wenn wir dabei etwas neues für uns entdecken, ist das ein sehr positiver Nebeneffekt. Es ist aber nicht das vorrangige Ziel. Was Sie schlussendlich tun, um Ihre Willenskraft zu trainieren und zu stärken, bleibt selbstverständlich alleine Ihnen überlassen. Dass Sie was tun wollen, steht ja außer Frage, denn immerhin lesen Sie ja einen Ratgeber zu dem Thema!

Machen Sie Ihren Geist frei!

Der entscheidende Unterschied zwischen Menschen, die eine starke Willenskraft haben und uns, die sie gerne hätten, ist die zielorientierte Fokussierung. Das bedeutet Menschen mit Willensstärke lassen sich nicht, von ihrem Weg abbringen. Ablenkungen und die vielen Angenehmlichkeiten des Alltag lassen sie kalt. Sie sind hartnäckig und selbstbewusst. Damit wir den Vorsprung zu diesen Menschen aufholen können, bedarf es Übung und Training, so wie oben beschrieben. Aber es gibt noch mehr Möglichkeiten, wie wir unsere Willenskraft stärken können, damit auch wir in Zukunft mehr Erfolg haben werden.

In diesem Abschnitt geht es daher um Entspannungstechniken, Aufmerksamkeits- und Körperwahrnehmungsübungen. Sie helfen uns dabei, unsere innere Mitte, unsere Ruhe und die nötige Gelassenheit für einen anspruchsvollen Tag zu finden. Einerseits helfen einige der Übungen dabei, dass wir kraftvoll in den Tag starten können. Anderseits sollen sie uns dabei unterstützen, in stressigen Situationen eine innerliche Distanz bewahren zu können. Das übergeordnete Ziel bleibt dabei, unsere Willenskraft zu stärken. Auch dafür sind diese verschiedenen Vorschläge hilfreich. In erster Linie sollen sie jedoch, die Voraussetzungen schaffen, dass wir überhaupt den Geist frei haben, um uns auf unsere wichtigen Projekte fokussieren zu können und unnötigen Ballast jederzeit ausblenden zu können.

Bitte gehen Sie möglichst unvoreingenommen an diese Vorschläge heran, probieren sie gerne einiges davon aus und entscheiden Sie, welche Techniken am Besten für sie geeignet sind. Ideal wäre es, wenn Sie einiges davon kombinieren würden, um einen bestmöglichen Erfolg sicher zu stellen. Beweisen Sie auch hier, wenn Sie etwas ausprobieren, einen möglichst langen Atem und geben Sie nicht zu schnell wieder auf, weil Sie glauben, dass es nichts bringt und Ihnen nicht helft. Mit ein bisschen Geduld und der richtigen Anwendung können diese Übungen wahre Wunder vollbringen. Sie werden mittelfristig deutlich stärker, wacher und sich freier fühlen. Wie gesagt, dazu braucht es ein wenig Ausdauer und Geduld ... und vor allem auch Übung. Nur wenn sie merken, dass eine der verschiedenen Techniken für Sie unangenehm ist und gegenteilig wirkt zu dem, was sie eigentlich bewirken soll. Dann nutzen sie diese Technik bitte nicht. Es ist nicht Sinn der Sache, dass es Ihnen schlechter geht. Aber das ist in der Regel nicht zu erwarten. Die meisten Menschen profitieren von diesen Anwendungen. Also machen Sie sich frei und seien Sie aufgeschlossen für neues!

Die progressive Muskelentspannung nach Jacobsen ist einfach und effektiv. Sie ist nach ein wenig Übung immer und überall anwendbar und durchführbar. Dabei werden der Reihe nach sämtliche Muskelgruppen des Körpers zunächst angespannt und danach wieder entspannt. Nach dieser Übung fühlt der Proband sich gleichzeitig fit und innerlich ruhig. Der Kopf wird frei. Sie konzentrieren sich bei dieser Übung auf die einzelnen Regionen ihres Körpers. Das hat zur folge, dass sämtliche anderen Gedanken in den Hintergrund treten und sie Abstand zu diesen gewinnen. Nach der Übung haben Sie zu Ihren Sorgen und Problemen im Idealfall eine neue Haltung. Und Sie erhalten neue Kraft, um sie aus dem Wege zu räumen. Wenn Sie die progressive Muskelentspannung noch nie durchgeführt haben, empfiehlt sich für die ersten Male eine CD, auf der Sie angeleitet werden und die Sie auf ihrem gedanklichen Weg durch Ihren Körper führt. Das Konzept ist denkbar einfach. Haben Sie die Systematik dahinter verinnerlicht, können Sie das auch ohne Anleitung problemlos durchführen. Die Muskelentspannung eignet sich als kleine Zeremonie am Morgen, um kraftvoll und ausgeglichen in den Tag zu starten. Sie können Sie im Sitzen durchführen oder im Liegen auf einem bequemen Untergrund. Nur bitte nicht im Bett. Das Bett sollte prinzipiell und ausschließlich zum Schlafen da sein.

Auch für Zwischendurch ist diese Übung geeignet. Sie können sie sogar im kleinen durchführen. Zum Beispiel, wenn sie im Bus sitzen oder auch an Ihrem Arbeitsplatz. Für zwischendurch reicht es dann auch, nur einige ausgewählte Muskelgruppen an- und wieder zu entspannen. Das hilft oft schon, um den Kopf wieder frei zu kriegen. Schließen Sie einfach kurz die Augen und konzentrieren sie sich beispielsweise auf die Hände. Machen Sie eine Faust, halten Sie die Spannung eine Weile und entspannen Sie die Hände wieder. Wiederholen Sie den Vorgang und gehen Sie dann gedanklich zu ihren Unterarmen. Auch diese spannen sie eine Weile an, um sie schließlich wieder zu entspannen.

Die progressive Muskelentspannung ist wirklich kinderleicht zu lernen und kostet Sie so gut wie nichts (nur die CD, wenn überhaupt...). Sie müssen dafür keinen Kurs besuchen und der Effekt kann enorm sein.

Phantasie- und Traumreisen sind hervorragend zur Entspannung geeignet. Dabei begeben sie sich gedanklich an einen schönen und aufregenden Ort, an dem Sie sich wohlfühlen und durchqueren ihn. CDs auf denen eine angenehme Stimme, Sie zu einen Ort führt und einige Beschreibungen liefert, die Sie im Geiste dann mit den schönsten Bildern füllen, gibt es einige und ich würde auch hier für den Anfang dazu raten, so eine Reise unter Anleitung vorzunehmen. Mir ging es jedenfalls am Anfang so, dass ich nicht genügend eigene Phantasie hatte, um so einen Ort im Geiste zu erschaffen. Die

CDs sind eine wertvolle Unterstützung dabei. Zudem sind sie in der Regel mit schöner Musik unterlegt, so dass es leicht wird, einen Zugang zu dieser Entspannungstechnik zu finden. Doch wenn Sie das einige Male unter Anleitung gemacht haben, ist auch eine kurze Phantasiereise problemlos in den Alltag integrierbar. Sie lernen mit der Zeit, welche Orte, die Sie im Geiste bereisen, Ihnen besonders gut tun. Und haben sie diese mehrmals unter Anleitung kreiert und besucht, können die Orte tagsüber schnell abgerufen werden. Oft hilft es dann schon für eine effektiven Entspannungseffekt, sich für ein bis zwei Minuten an diesen Ort zu begeben. Sie werden erstaunt sein, wie schnell es Ihnen gelingen wird mit dieser Methode einen Abstand zu bedrückenden oder herausfordernden Situationen herzustellen. Wenn Sie von Ihrer Reise zurückkehren, werden Sie neue Kraft haben, um die Situation zu meistern!

Bei Achtsamkeitsübungen lenken Sie Ihre Aufmerksamkeit gezielt auf bestimmte Geräusche oder Objekte in der Umgebung. Auch ein aufmerksam nach innen gerichteter Blick auf Vorgänge im Körper, wie zum Beispiel der eigene Herzschlag, können der Mittelpunkt einer Übung in Achtsamkeit sein. Verbinden Sie eine solche Übung gerne mit einem kleinen Spaziergang in die Natur und lauschen Sie ganz bewusst den Geräuschen, die Sie dort wahrnehmen. Benennen Sie sie innerlich und konzentrieren Sie sich voll und ganz nur auf das eine Geräusch. Das kann ein plätschernder Bach sein oder das Zwitschern eines Vogels.. Gleichmäßiges Knistern von Blättern, die von einem Windhauch gestreichelt werden oder der zarte Geruch einer

Frühlingsblume. Setzen sie alle Ihre Sinne ein, wenn Sie die Natur erkunden. Schnell werden Sie merken, dass Sie ein beruhigendes Gefühl der Verbundenheit mit der Natur überkommt. Und auch hier vergessen Sie für eine Weile die Last des Alltags und kehren gestärkt in diesen zurück. Achtsamkeitsübungen, die nach innen gerichtet sind, wie Konzentrieren auf den Atem oder das bewusste Wahrnehmen, wie sich Ihr Brustkorb langsam hebt und senkt, wenn Sie Ihren Herzschlag verfolgen - all das können Sie gezielt als Übung machen und einsetzen, um sich kurz und mit großem Erholungseffekt eine verdiente Auszeit vom Verfolgen Ihrer Ziele zu nehmen.

Oder probieren Sie es mit Yoga! Ich würde Yoga fast als sowas wie einen Sammelbegriff bezeichnen. Es gibt verschiedenste Techniken dabei, die mal körperbetonter oder mal mehr bezogen auf den Einklang mit dem Geist sind. Verschiedene Techniken, die aus den verschiedenste asiatischen Herkunftsländern stammen, lassen gar nicht zu, dass man Yoga mit wenigen Worten so beschreiben kann, dass es ihm gerecht wird. Die heutigen Yoga-Schulen bieten zumeist einen Ausschnitt aus den verschiedensten Möglichkeiten an und bilden daraus sowas wie ein spezialisiertes Konzept, das dann sowohl für den Körper als auch für den Geist sein kann - mit immer unterschiedlichen Schwerpunkten. Aber lassen Sie sich davon nicht abschrecken. Wenn Sie die Möglichkeit haben, buchen sie gerne einen Kurs. Irgendwo in Ihrer Nähe wird sicherlich ein solcher angeboten. Anfängliche Skepsis ist normal - bei allem, was neu begonnen wird. Ich kenne eigentlich niemanden, der bei einem Yoga-Kurs nicht etwas positives für sich herausgezogen hat, von dem er profitiert hat. Ich bin sicher, Sie finden einige Übungen, die Sie für sich nutzen können und wollen. Und wenn sie es dann schaffen, diese Übungen außerhalb des Kurses anzuwenden, zum Beispiel für fünfzehn Minuten am Morgen, werden Sie garantiert mit einem anderen und vor allem gestärkten Gefühl bereit sein, die Herausforderungen des Alltags zu bewältigen.

Pilates gilt als wirkungsvoll und ist dabei eine sanfte Methode, seine Körperhaltung zu verbessern. Beim Pilatestraining wird die Körpermitte zum Kraftzentrum erklärt und die Übungen zielen insbesondere darauf ab, den Schulterbereich, das Becken und die Taille beweglicher zu machen und zu kräftigen. Das hat zur Folge, dass Menschen, die Pilates trainieren, eine neue und verbesserte

Ausstrahlung erhalten. Sie wirken gelassener, größer und selbstbewusster. Die Körperhaltung, die wir an den Tag legen, hat auch enormen Einfluss auf unser Selbstwertgefühl. So wirken wir, wenn wir Pilates trainieren, nicht nur nach außen kraftvoller. Wir werden es mit der Zeit auch. Somit kann Pilates in hohem Maße dazu beitragen, dass unser Selbstbewusstsein steigt. Und das hilft uns dann natürlich wiederum enorm dabei, unsere Willenskraft zu stärken. Wir trauen uns einfach mehr zu - alleine durch die Haltung unseres Körpers! Die Einführung in Pilates sollte über einen erfahrenem Trainer in einem entsprechenden Kurs erfolgen. Auch hier werden Trainingsmethoden häufig automatisch mit in den Alltag übernommen, so dass Sie dauerhaft davon profitieren, wenn Sie bereit sind, etwas Geld für solch einen Kurs zu investieren.

Das waren nun einige Anregungen für Sie, die Ihnen helfen können, einen Weg für Sie zu finden, bei dem Sie mit gezielten Übungen Entspannung und Kraft finden können. Sie wissen ja, das Ziel ist unsere Willenskraft zu stärken und wenn Sie eine von den oben genannten Methoden für sich entdecken und sich zu eigen machen können, haben Sie sicher ein hilfreiches Instrument in der Hand, das Ihnen auf Ihrem Weg nur von Nutze sein kann. Suchen Sie sich das aus, was für Sie in Frage kommen könnte. Es gibt sicherlich noch mehr Möglichkeiten als die oben vorgestellten. Auch über Selbstverteidigungskurse oder über die verschiedensten Kampfsportarten gelingt es vielen Menschen mehr Selbstbewusstsein zu entwickeln und einen Ausgleich zum Alltag zu finden. Was bei allen diesen Angeboten wichtig für uns sein sollte, ist dass sie uns beibringen, uns auf bestimmte Situationen, Orte oder Handlungen zu fokussieren. Und wenn wir lernen, uns auf bestimmte Dinge einzulassen und uns darauf zu konzentrieren, gelingt es uns auch bald, dieses Verhalten zu übertragen .... und wir verlieren uns nicht mehr in den Ablenkungen des normalen Alltags!

Achten Sie auf Ihre Ernährung!

Um eine starke Willenskraft zu entwickeln, bedarf es einem gesunden Geist. Ein gesunder Geist wohnt bekanntlich in einem gesunden Körper. Daher ist es wichtig, sich ausgewogen und gesund zu ernähren. Schauen Sie sich deshalb einmal ehrlich an, was Sie so an einem durchschnittlichen Tag zu sich nehmen. Stellen Sie Ihre Essgewohnheiten ruhig einmal auf den Prüfstand.

Studien belegen, dass willensstarke Menschen tendenziell weniger Alkohol trinken, seltener rauchen, sich gesünder ernähren und somit auch seltener Probleme mit Herz-Kreislauferkrankungen und Diabetes haben. Die interessante Frage dabei ist: Rauchen und trinken diese Menschen weniger, weil sie so willensstark sind oder sind sie willensstark, weil sie weniger rauchen und trinken. Beides wird der Fall sein. Klar ist und das ist logisch und nachvollziehbar: Ist jemand willensstark, kann er ungesunde Genüsse auch mal stehen lassen. Aber auch andersrum ist was wahres dran. Denn Alkohol, Nikotin und diverse Lebensmittel können unseren Organismus langfristig gesehen schädigen. Gerade bei Alkohol und Nikotin dürfte das hinreichend bekannt sein. Schädigungen treten in der Regel nicht sofort auf. Oft bedarf es einer langen Zeit des schädlichen Konsums bis es soweit ist. Nichtsdestotrotz: Ernähren wir uns ungesund (zu fett, zu süß), rauchen und trinken wir, belasten wir unseren Körper.

Uns geht es ja darum, den Kopf möglichst frei zu haben und uns nicht ablenken zu lassen. Dazu gehört auch, dass unser Organismus einwandfrei funktioniert. Wir wollen eins sein mit unserem Körper. Nur so gelingt es uns, unseren Weg kraftvoll zu beschreiten. Ist unser Körper damit beschäftigt, Gifte und andere Substanzen abzubauen oder belasten wir ihn mit falscher Ernährung in zu großer Menge, dann wird es uns nicht gelingen, die notwendige Willensstärke zu entwickeln, auf die wir hinarbeiten. Geht es unseren Körper nicht gut, werden wir unkonzentriert, müde und fühlen uns irgendwann ausgelaugt. Daher empfehle ich durchaus, dass wir uns mit unserer Ernährung auseinandersetzen. Ein Weglassen von Giften und eine kleine Ernährungsumstellung werden schnell dazu führen, dass wir uns vitaler und energischer fühlen - und es auch sein werden!

Ernährung (dazu zähle ich hier auch Genussmittel)kann ein sehr umfangreiches Thema sein. Es gibt ja die verschiedensten Lebenseinstellungen (zum Beispiel sich ausschließlich vegetarisch zu ernähren) und immer neue Trends und Produkte (Superfoods). In diesem Abschnitt, kann ich daher nicht allzu sehr ins Detail gehen und auf alle möglichen Forschungsergebnisse zu diesem Thema eingehen. Es geht in erster Linie darum, einige ganz große Ernährungsfehler zu vermeiden und Sie somit anzuregen, sich mit ihrer eigenen Ernährung auseinander zu setzen. Haben Sie erstmal angefangen das zu tun und merken schnell, dass es Ihnen mit einer kleinen Veränderung bei dem, was Sie täglich zu sich nehmen, schnell deutlich besser gehen wird, dann bin ich sicher, werden Sie das Thema durchaus so spannend finden, dass Sie den Wunsch verspüren werden, sich intensiver mit Lebens- und Genussmittel auseinander zu setzen. Material (Bücher, Ratgeber, Kurse, Tutorials), das Ihnen weiteren intensiveren Input liefert, werden Sie schnell finden.

Zunächst ist es wichtig zu sagen, dass es hier nicht um eine Diät geht. Wenn das Ihr Ziel ist, dann ist das sicher lobenswert. Jetzt sind wir jedoch noch dabei, die Grundvoraussetzungen zu schaffen, damit es uns gelingt, unsere Willenskraft zu stärken. Dafür ist es auch wichtig, den Körper nicht zu überlasten und nicht zu überfordern. Eine Diät kann das sehr schnell. Denn häufig wird der Fehler gemacht, die Nahrungsaufnahme und die Anzahl der aufgenommenen Kalorien so stark zu reduzieren, dass der Körper auf einen Notfallmodus schaltet. Das hat dann leider den Effekt, dass die

Fettverbrennung eingestellt wird und wir in psychischen Stress geraten. Äußerst schwierig, dann noch Willensstärke beweisen zu können. Eine Diät würde ich erst empfehlen, wenn Sie sich schon im kleineren bewiesen haben, dass sie mit der Stärkung Ihrer Willenskraft auf einem guten Weg sind.

Fangen Sie erstmal an und achten Sie darauf, dass Sie regelmäßig essen. Es sollte nach Möglichkeit feste Zeiten für die Nahrungsaufnahme geben und auch entsprechende Pausen. Gestalten Sie die Mahlzeiten nicht zu üppig und auch nicht zu knauserig. Da jeder Mensch anders ist, gilt es da ein wenig zu experimentieren, um heraus zu finden, wie viel Essen Sie am Tag benötigen, um vital und ausgeglichen zu sein. Eine grobe Faustregel kann sein: Wenn sie nach einer Stunde nach dem Essen schon wieder

Hunger verspüren, dann war es zu wenig oder sie haben das Falsche gegessen. Sind sie eine Stunde nach dem Essen eher träge und würden sich am liebsten ins Bett packen, dann wird es wohl etwas zu viel gewesen sein - oder das Essen war zu schwer, also zu fettreich.

Essen Sie ballaststoffreiche Lebensmittel wie zum Beispiel Vollkornprodukte und Hülsenfrüchte. Damit kann der Körper auf Betriebstemperatur gehalten werden, ohne dass sie dabei müde werden. Verzichten sie auf schnelle Kohlenhydrate, die in Produkten aus Weißmehl und in stark gezuckerten Lebensmitteln zu finden sind. Diese lassen den Blutzuckerspiegel stark ansteigen, was kurzzeitig zwar zu einem Energieschub führt. Aber die Energie daraus ist schnell verbraucht und der Blutzuckerspiegel fällt genauso rasch, wie er gestiegen ist. Dann haben Sie schnell wieder Hunger und der Körper verlangt Nachschub. Die Energie aus Vollkornprodukten lassen den Blutzuckerspiegel hingegen langsamer ansteigen und sie haben deutlich länger was davon.

Achten Sie ach darauf, dass sie genügend Nährstoffe, Mineralien und Vitamine zu sich nehmen, um den Körper optimal zu versorgen und sich gesund zu halten. Eine abwechlungsreiche Ernährung mit viel Gemüse, Fisch, Geflügel-und Rindfleisch, Salat und Obst dürfte das garantieren. Wenn Sie nun damit erst neu anfangen, nutzen Sie die Gunst der Stunde und machen den alljährlich nutzbaren Gesundheitscheck bei Ihrem Hausarzt und lassen sich einmal ein großes Blutbild machen und erläutern. Vielleicht haben sie, auf Grund der bisherigen Ernährung, bereits Mangelerscheinungen, die sie dann gezielt ausgleichen können. Unkonzentriertheit und Antriebslosigkeit können in der Tat auf einen Mangel an bestimmten Mineralien und Vitaminen hindeuten. Wenn wir nun gerade dabei sind, unserer Leben neu zu ordnen, ist es ein guter Zeitpunkt, um in dieser Hinsicht einmal Gewissheit zu bekommen.

Verzichten Sie am Tag, insbesondere bei der Arbeit, auf die vermeintlich schnelle Hilfe bei nachlassender Konzentration aus Naschereien wie Schokolade, Fruchtgummi oder Bonbons aus Traubenzucker. Die Energie, die Sie hier tanken, ist nur kurzzeitig verfügbar. Dann wollen sie wieder schnell zugreifen und alleine das ständige Futtern längt Sie mehr ab, als es Ihnen hilft. Von den gesundheitlichen Aspekten mal ganz abgesehen, sind solche Produkte keine Hilfe dabei, um die Selbstdisziplin zu trainieren und zu stärken. Machen Sie stattdessen gezielte Pausen, die möglich sind und tanken sie neue Kraft und Konzentration mit einer kurzen Entspannungsübung.

Auch wenn Sie Raucher sind und bei der Arbeit stets auf die nächste Zigarette gieren, dann machen Sie sich nichts vor. Der kurze Effekt der Konzentrationssteigerung kommt bei den Zigaretten nicht durch irgendwelche Inhaltsstoffe (bei Bonbons ist es ja der Zucker). Beim Rauchen haben Sie sich in eine Sucht begeben und das entspannende Gefühl mit der vermeintlichen geistigen Erfrischung kommt alleine von der Suchtbefriedigung, der Sie sich beim Rauchen hingeben. Das aufgenommene Nikotin wird jedoch schnell wieder abgebaut und es entsteht im Körper, vor allem in der Psyche wieder ein Ungleichgewicht. Schon verlangt der Organismus die nächste Zigarette und der Raucher wird langsam unruhig und je länger es dauert bis zur nächsten Möglichkeit zu rauchen immer nervöser. Dass es so nichts werden kann mit längerer hochkonzentrierter und fokussierter Arbeit liegt auf der Hand. Wenn Sie wirklich Ihre Willenskraft stärken wollen, empfehle ich baldmöglichst hier anzusetzen. Wie vorher im Text schon erwähnt, tun Sie das am Besten, indem Sie zunächst die eine oder andere Gewohnheitszigarette weglassen. Auch hierbei können Entspannungstechniken ungemein unterstützend wirken. Wenn sie es dann mittelfristig sogar schaffen, das Laster komplett aufzugeben, stärkt das ungemein das Selbstbewusstsein. Sie werden dann weniger nervös sein, spätestens dann wenn der Entzug überstanden ist. Ein entscheidender Faktor, der Sie daran hindert, einen starken Willen zu bilden, haben Sie dann beseitigt. Führen Sie sich ruhig einmal nüchtern vor, was Sie wirklich zur Zigarette greifen lässt. In der Regel ist es eine Krücke, die wir uns selbst geschaffen haben, um den Alltag zu meistern. Daher ist es ratsam, sich Ersatzmaßnahmen zu suchen, die anstelle dieser Krücke treten. Achtsamkeitsübungen und dergleichen als unterstützende Maßnahme und gesunden Ersatz kann ich dabei gar nicht oft genug erwähnen. Begründungen, die für das Rauchen sprechen, lassen sich leicht ad absurdum führen. Wenn Sie zum Beispiel sagen, dass Sie aus Genuss rauchen, dann können Sie sich auch fragen, wie genussvoll der gelbe ausgekotzte Schleim ist, den Sie morgens nach dem Abhusten ins Waschbecken spucken. Und auch wenn Sie meinen, es ist ein Genuss, den

Rauch in die Lunge zu saugen. Sich Rauch und Kohlenmonoxid in die Atemwege zu ziehen, hat wohl mehr was mit Erstickungstod als Genuss zu tun... Finden Sie Argumente und drehen Sie sie um. Das kann eine gute Hilfe sein. Erinnern Sie sich auch, gerade in Bezug zu dem Thema Rauchen und damit aufhören, an den Titel dieses Ratgebers: "Jeder kann mehr, als er denkt!" Selbstzweifel sind überhaupt nicht angebracht. Sie wollen was verändern, dann schaffen Sie es auch!

Wenn sie regelmäßig Alkohol trinken, dann fangen sie an, den Konsum zu reduzieren. Vor allem beobachten sie genau, zu welchem Zwecke Sie den Alkohol nutzen. Zu einem schönen Essen ein gutes Glas Wein ist sicher okay. Doch das berühmte Feierabendbier dient in erster Linie der Entspannung. Auch hier können sie darauf achten, dass Sie nicht öfter als ein bis zwei Mal die Woche darauf zurückgreifen. Auch hier gilt: lieber mal eine Achtsamkeitsübung oder einige Yoga-Übungen am Abend einschieben, als regelmäßig die Entspannung im Zellgift Alkohol zu suchen. Auf die gesundheitsschädlichen Gefahren, die dem regelmäßigen Alkoholkonsum folgen können, will ich jetzt gar nicht eingehen. Es geht hier ja um die Stärkung des Willens und des Geistes. Alkohol ist da kontraproduktiv, weil es den Körper vergiftet und belastet. Es ist Schwerstarbeit für den gesamten Organismus, das Gift wieder abzubauen. Das macht uns auf Dauer reizbar und mürbe und lässt uns mitnichten zu willensstarken Persönlichkeiten werden. Zudem werden beim Alkoholkonsum dem Körper ständig Nährstoffe und Mineralien entzogen, die dann wieder mühselig zugeführt werden müssen. Der Körper ist also in einem ständigen Kampf und das verhindert auch, dass wir den Kopf wirklich frei kriegen.

Lassen Sie sich nicht entmutigen!

Veränderungen erfordern Mut und einen langen Atem. Wenn der Weg zum Ziel nicht auch etwas steinig wäre, dann ist er keine Herausforderung und wir wären ihn vermutlich schon viel früher gegangen. Natürlich kann es passieren, dass es bei dem Versuch, ein Ziel oder eine Veränderung im Leben zu erreichen auch zu Rückschlägen kommt. Auch wenn wir unsere Willenskraft gestärkt und hinreichend trainiert haben, ist - Gott sei Dank - das Leben nicht vorhersehbar und es kann passieren, dass Sie das gesetzte Ziel nicht erreichen. Auch kann es passieren, dass Sie bei allen guten Vorsetzen zielstrebig zu sein, in alte Verhaltensmuster zurückfallen und sich von ihrem Weg abbringen lassen. Lassen Sie sich dadurch nicht entmutigen und stecken Sie nicht resignierend den Kopf in den Sand. Fehler gehören zum Leben dazu und Sie können daraus lernen. Bewahren Sie bei aller gebotener Hartnäckigkeit, stets einen kühlen Kopf. Orden Sie täglich Ihre Gedanken neu und bleiben Sie gelassen, auch wenn Rückschläge passieren. Lassen Sie sie passieren und nehmen Sie sie an. Analysieren Sie und gehen Sie den Weg, den Sie vom Anfang bis hierher gegangen sind genau durch und versuchen Sie genau herauszufinden, zu welchem Zeitpunkt, Sie eventuell schon der Mut verlassen hat. Können Sie etwas daraus lernen? Wenn etwas von außen kommt, haben Sie womöglich gar keinen oder nur geringen Einfluss darauf. Deshalb prüfen Sie genau, ob der Fehler für Sie überhaupt vermeidbar gewesen wäre. Selbst wenn: In der Vergangenheit herumdoktern und sich Selbstvorwürfe machen ist nun völlig fehl am Platz und bringt Sie nicht weiter. Wenn Ihr Ziel weiterhin besteht, starten Sie einen neuen Versuch, es zu erreichen. Nehmen Sie den ersten Versuch als Erfahrung und als Motivation, es beim nächsten Mal anders und besser zu machen.

Stehen Sie wieder auf, wenn Sie gefallen sind und denken Sie daran, stets eine angemessene Pause zu machen. Eifrig und hartnäckig weitermachen ist gut, aber werden Sie nicht blind dabei. Beobachten Sie sich und den Weg, den Sie gehen genau und lernen Sie dazu. So werden Sie Rückschläge in der Zukunft reduzieren - ganz vermeiden lassen, werden Sie sie nicht. Wir sind schließlich keine Übermenschen. Ich will es nicht sein und Sie vermutlich auch nicht. Wir wollen unsere Ziele erreichen und ein steiniger

Weg bleibt steinig - auch wenn wir ihn vorsorglich mit Sand aufschütten.

Planen Sie Rückschläge oder wenn es um alte Verhaltensmuster geht auch Rückfälle einfach mit ein. Nicht dass Sie sie gezielt machen sollen oder herbeireden sollten. Nein, rechnen Sie einfach damit, dass etwas passieren kann, was Sie vorher nicht wissen konnten. Haben Sie den Weg zu Ihrem Ziel nach bestem wissen und Gewissen gemacht, haben Sie sich eh nicht vorzuwerfen. Und wenn sie einen Rückfall erleiden, indem Sie sich wieder von etwas anderem zu sehr in Anspruch nehmen, also sich ablenken lassen, dann nehmen Sie das zum Anlass, eine Pause zu machen und zu überprüfen, was sie demotiviert hat. Das Ziel selbst sollte es nicht sein. Schließlich haben wir es ja begeistert aufgestellt und erhoffen uns davon etwas. Analysieren Sie lieber nochmal, ob Sie das Ziel wirklich auf ein entsprechend erreichbares Teilziel herunter gebrochen haben. Sie erinnern sich: Wir wollen uns keine riesengroße und kaum erreichbare Ziele setzen, sondern diese zunächst in kleinere Zwischenziele aufteilen, um sicher und Schritt für Schritt, das große Ziel zu erreichen. Also, haben Sie, als Sie den Rückschlag erlitten haben, doch auf ein zu großes Ziel hingearbeitet? Lassen Sie das Ziel bestehen, aber setzen Sie ein schneller und sicheres Zwischenziel dazwischen. Wie Sie es auch anstellen, gehen Sie Ihren Weg auf jeden Fall weiter! Es lohnt sich auf jeden Fall.

Motivieren Sie sich gleich morgens vor dem Spiegel. Denken Sie an das, was Sie sich für den Tag vorgenommen haben und sagen Sie dem Spiegelbild: "Ja, ich schaffe das!" Auch so stärken sie Ihr

Selbstbewusstsein. Kommen Sie sich dabei nicht lächerlich vor. Das ist es nicht. Lächerlich sind Zweifel und Gedanken wie: "Das ist doch kaum zu schaffen." Machen Sie sich bewusst, dass ist nur ein Gedanke und ein schlechter noch dazu. Es ist ungemein hilfreich, wenn Sie sich wirklich einmal bewusst werden, dass Gedanken nur Gedanken sind. Warum denken Sie schlecht über sich? Lassen Sie schlechte Gedanken einfach vorbeiziehen und bleiben Sie bei der Sache. Sie werden Ihre Angelegenheiten schon souverän erledigen! Das ist die Haltung mit der Sie in den Tag starten sollten.

Gönnen Sie sich Auszeiten und belohnen Sie sich!

Übertreiben Sie es nicht! Sie haben Ihre Willenskraft bereits gestärkt und Ihre Selbstdisziplin trainiert. Möglicherweise haben Sie nun ein größeres Ziel vor Augen, dass Sie anstreben. Gut so! Wenn Sie daran gedacht haben, dass Ziel nichts zu hoch zu setzen und erstmal ein Teilziel anzugehen, dann werden Sie das auch schaffen. Denken Sie bitte daran, dass Sie von vorne hinein Pausen und Erholungszeiten einplanen. Ein willensstarker Geist muss genährt werden. Neben oben genannten Techniken ist es genauso wichtig, dass nicht zu hektisch und energisch vorgegangen wird. Legen Sie Pausen von mindestens einen Tag ein, bei dem Sie Ihr Ziel innerlich beiseite legen und sich anderen schönen Dingen widmen. Wichtig ist auch hier, dass die Erholungszeiten nicht spontan stattfinden, denn dass hätte wieder den Charakter einer nicht geplanten Ablenkung und das würde unserem Vorhaben der Willenskraftstärkung widersprechen. Gegen festgelegte Auszeiten ist überhaupt nichts zu sagen. Sie sind sogar notwendig. Auch das Einhalten einer Auszeit zeugt im übrigen von Selbstdisziplin.

Auch wenn Sie Ihr (Teil-)Ziel erreicht haben, nehmen Sie sich nicht gleich das nächste Projekt vor. Machen Sie auch hier einen Stopp, gönnen sich eine Erholungszeit und belohnen Sie sich. Auf das, was sie erreicht haben können Sie stolz sein und das dürfen Sie sich auch bewusst machen und sich selbst dafür ein bisschen feiern. Kaufen Sie sich was schönes, machen Sie einen entspannten Tag in einer Wellness-Oase oder einen schönen Ausflug ins Grüne. Das hilft Ihnen dabei, das Geschaffte entsprechend zu würdigen, Abstand zu gewinnen und es motiviert Sie ungemein. Es motiviert sie auf dem Weg, das Ziel zu erreichen und es motiviert Sie, das nächste Vorhaben genau so diszipliniert und willensstark anzugehen.

Bleiben Sie am Ball und werden Sie aktiv!

Sie haben bis hierher ja schon einiges erfahren. Wenn sie das Erfahrene verinnerlicht und Sie eine Weile beharrlich an der Stärkung Ihrer Willenskraft und der Selbstdisziplin erfolgreich gearbeitet haben, ist es nun durchaus an der Zeit, dass Sie das Gelernte umsetzen und größere Ziele und Vorhaben in Angriff zu nehmen. Bleiben Sie dabei immer realistisch, aber sagen Sie sich auch: "Die Grenze meiner Möglichkeiten muss ich spüren." Damit meine ich, dass Sie selbst in Erfahrung bringen sollen, wo Ihre persönlichen Grenzen sind. Was Ihnen von außen gesagt wird können Sie zwar registrieren, müssen es aber nicht akzeptieren. Hören Sie etwa einen solchen

Satz: "Wie? Auf die Stelle willst du dich bewerben. Da bist du doch gar nicht qualifiziert für." Schenken sie solchen Aussagen keine Beachtung. Wenn Ihnen die Stelle interessant vorkommt, dann bewerben Sie sich doch. Mehr als eine Absage kann nicht dabei herumkommen. Wenn der Chef der Firma Ihnen beim Vorstellungsgespräch sagt, dass sie nicht zusammenkommen können und Ihnen die Gründe erläutert, dann haben Sie Ihre Grenze erreicht und gespürt. Und das ist auch gut so. Denn vielleicht bekommen Sie bei diesem fiktiven Gespräch neuen Input und erfahren, ob Sie noch Defizite in Ihrer Qualifikation haben. Wenn sie der Job so sehr gereizt hat, dann wäre ein neues Ziel, die fehlende Qualifikation zu erwerben.

Treten sie daher niemals auf der Stelle, bilden Sie sich weiter und seien Sie immer offen für neues. Auch das stärkt den Geist und schafft eine realistische Selbsteinschätzung. Denn nur durch das außen und durch kompetente Rückmeldungen können wir wachsen. Und wir können sehr hoch hinauswachsen, wenn wir das wollen. Sie wissen ja bereits: Jeder kann mehr, als er denkt. Das ist gemeint mit aktiv werden und seine Grenzen auszuloten und sie im gegebenen Falle zu überwinden.

Seien Sie energisch beharrlich, aber werden Sie nicht stur und blind. Wenn die Grenze nun einmal gesetzt ist, ist sie gesetzt. Es ist löblich, wenn Sie versuchen, sie zu überwinden, aber verrennen Sie sich mit Ihrem neu gewonnenen Eifer nicht blindlings in irgendwelche Ziele. Unsere Energie ist kostbar und sollte nicht sinnlos verschwendet werden. Deshalb ist

Selbstreflexion sehr wichtig. Wer bin ich? Was kann ich? Und was will ich? Nehmen Sie sich regelmäßig die Zeit, sich und ihre Gedanken neu zu ordnen. Jeder Tag bringt neue Erkenntnisse. Wir lernen stetig dazu. Auch der Weg zu ihren Zielen, wird Ihnen Erfahrungen bringen. Deshalb ist es wichtig, dass Sie neue Informationen verarbeiten und sie für sich und Ihre Vorhaben bewerten. Gehen Sie mit offenen Augen durch die Welt und durch ihr Leben. Saugen Sie Informationen auf wie ein Schwamm und packen Sie dann die für Sie wichtigen Erkenntnisse in trockene Tücher.

Gestalten Sie Ihr wertvolles Leben insgesamt aktiver. Nicht nur, was das Setzen und Erreichen von Zielen angeht. Wenn Sie es noch nicht tun, dann fangen Sie an Sport zu treiben. Auch das stärkt Körper und Geist und hilft Ihnen, Ihre

Willenskraft zu stärken. Fangen Sie auch hier gemächlich an und setzen Sie sich Etappenziele. Fangen Sie mit regelmäßigem schnellen Gehen durch den Park an und steigern Sie die Geschwindigkeit in langsamen Schritten. Fahren Sie mehr Fahrrad und gehen Sie schwimmen. Steigern Sie auch nach und nach hier das Pensum, aber übertreiben Sie es nicht. Nutzen Sie die Kraft des Umbruchs. Die Willenskraft zu stärken und die damit verbundenen Ziele, die Sie sich setzen und nach und nach erreichen - das alles wird Sie beflügeln und motivieren, Ihr gesamtes Leben neu und gesünder zu organisieren. Nutzen Sie diese Energie! Wenn nicht jetzt, wann dann?

Achten Sie darauf, dass Sie sich immer Etappenziele setzen. Vor allem bei größeren Vorhaben und Zielen ist es wichtig und vor allem vernünftig. Das zeigt, dass Sie realistisch bleiben und es erhöht die Wahrscheinlichkeit das große Ziel (den großen Traum?) auch wirklich zu erreichen.

Verändern Sie Ihre Gedankenwelt!

Denken Sie positiv. Ich weiß, das ist manchmal leichter gesagt als getan. Dennoch ist eine positive Einstellung zu der Welt und den Menschen, die auf ihr leben, von enormer Wichtigkeit. Wenn Sie den Menschen freundlich gesinnt gegenüber treten, wird das von denen gespürt. In der Regel bekommen Sie so ein wohlgesinntes Gegenüber. Das ist sehr hilfreich, um Ihre Ziele zu erreichen. Sie sind nicht alleine auf der Welt. Um im Leben voran zu kommen, bedarf es meist die Hilfe von anderen. Die bekommen sie leichte, wenn Sie den Menschen mit Offenheit begegnen.

Überprüfen sie in diesem Zusammenhang

einmal, wie sie bisher über das Leben und die Welt gedacht haben. Hatten Sie eine tendenziell negative Haltung? ("Die Welt ist schlecht.")

So eine Haltung kommt nicht von ungefähr. Sie ist im Laufe der Zeit entstanden. Schon in der Erziehung machen viele Eltern einiges falsch und mahnen uns zu manchmal zuviel Vorsicht Fremden und neuem gegenüber. Das prägt sich in unser Unterbewusstsein ein.

Wenn wir eher ängstlich sind und neuen Dingen und Begegnungen misstrauen, dann tun wir das meist nicht bewusst. Unser Unterbewusstsein lässt uns handeln und bestimmt, wie wir in Situationen reagieren. Lange bevor wir eine bewusste Entscheidung treffen, sagt uns unser Unterbewusstsein: "Vor dir steht ein schlechter Mensch."

Das ist Intuition. Und häufig ist diese Eingebung maßgeblich an unser Verhalten dem Fremden gegenüber entscheidend. Das was wir später über die Begegnung noch erfahren, ist dann meist nicht mehr wichtig, weil wir uns zuviel auf dieses Gefühl verlassen. In der Regel ist uns niemand schlecht oder böse gesinnt. Zumindest ist das nicht die Regel und dessen sollten wir uns bewusst werden. Wir müssen unser Unterbewusstsein und unsere damit verbundene Einstellung der Welt gegenüber umprogrammieren.

Machen Sie das, indem Sie trainieren, immer positiv zu denken. Haben Sie ein schlechtes Gefühl in einer Situation, dann betrachten Sie diese nüchtern und sie werden erkennen, dass es keinen sachlichen und objektiven Grund für ein schlechtes Gefühl gibt. Machen Sie das grundsätzlich. Versuchen Sie stets das Gute in Ihrem Gegenüber zu erkennen. Lassen sie sich keine Angst vorschreiben, nur weil eine Situation unbekannt ist. Trainieren Sie sich mit Suggestion. Eine schwierige Situation sollten Sie als Herausforderung sehen. Das Unbekannte darf Ihnen keine Angst machen. Seien Sie neugierig auf das Unbekannte.

Wenn Sie morgens aufstehen, dann sagen Sie laut:

"Die Welt ist okay. Ich bin okay."

Nehmen Sie sich nicht zu wichtig. Die Welt dreht sich nicht um Sie. Der Welt sind Sie vermutlich relativ egal. Klingt hart? Die logische Konsequenz daraus ist aber: Die Welt will Ihnen nicht böses.

Erforschen Sie das Leben und die

Menschen und versuchen Sie aufgeschlossen und unvoreingenommen zu sein.

Wenn Sie das eine Weile so gemacht haben und bewusst versuchen, die erste Eingebung auszublenden und regelmäßig schlechte Gedanken in positive zu wandeln, wird das irgendwann zum Selbstläufer werden. Auch das Unterbewusstsein ist form und wandelbar und Ihre Intuition wird eine bessere werden. Sie gehen das nicht mehr automatisch vom schlimmsten aus und haben weniger Angst. Sie werden den Menschen nicht mehr unbegründet schlechtes unterstellen und Sie werden neugieriger auf das Leben sein.

Nur wenn Sie das Leben als Herausforderung sehen und Menschen als Freunde und nicht als Feinde sehen - erst dann können Sie Erfolg haben. Denn dafür sollte man mit sich und seinem Umfeld im Reinen sein. Erfolgreiche Ziele sollten Sie nicht gegen ihr Umfeld setzen, sondern mit oder vereinzelt auch für. Wenn Sie etwas erreichen wollen, dann niemals auf Kosten anderer. Bei aller Willenskraft, die Sie mit Hilfe dieses Ratgebers aufbauen werden, sollten Sie das immer beherzigen. Wir sind Teil einer Gesellschaft, die nur funktioniert, wenn es einen Zusammenhalt gibt. Niemand kann alleine bestehen. Deshalb ist Vertrauen ein hohes Gut.

Vertrauen Sie sich und vertrauen Sie den Menschen mit denen Sie zu tun haben. Und vor allem lernen Sie, dem Leben zu vertrauen!

Schlusswort

Wenn Sie diesen Ratgeber gelesen haben, werden Sie ein ganzes Stück weiter sein. Sie haben jetzt eine Vorstellung davon, warum einige Menschen willenstärker waren als Sie bisher. Sie haben erfahren, dass Sie Ihre Willenskraft und Ihre Selbstdisziplin mit ganz einfachen Tricks und Übungen im Alltag trainieren können und Sie haben einige Ideen und Vorschläge dazu erhalten. Sie wissen nun auch, dass der Erfolg nicht vom Himmel fällt, sondern dass Sie konsequent, hartnäckig und zielstrebig dafür arbeiten müssen. Dass dies nur mit ausreichend starker Willenskraft gehen kann, ist Ihnen nun bewusst. Sie haben außerdem erfahren, dass es Techniken und Übungen gibt, die Ihnen helfen, Ihren Geist frei von

Ballast zu machen, um sich ganz auf Ihre gesetzten Ziele konzentrieren zu können. Wenn Rückschläge auf Ihrem Weg auftreten sollten, lassen Sie sich nicht entmutigen und nehmen diese hin und lernen aus ihnen. Zudem übertreiben Sie es nicht mit ihrer neu gewonnen Willensstärke und gönnen sich regelmäßige Pausen und belohnen sich für ihre Erfolge.

Sie haben diesen Ratgeber bis zum Ende durchgelesen und das zeigt, dass Sie daran interessiert sind, Ihre Willenskraft zu stärken. Und bis hierher haben Sie immerhin schon genügend Disziplin aufgebracht und sind bis zum Ende des Ratgebers gekommen. Bravo! Ich wünsche Ihnen viel Erfolg bei allem, was Sie sich vornehmen!

Haftungsausschluss

Die Umsetzung aller enthaltenen Informationen, Anleitungen und Strategien dieses Buchs erfolgt auf eigenes Risiko. Für etwaige Schäden jeglicher Art kann der Autor aus keinem Rechtsgrund eine Haftung übernehmen. Für Schäden materieller oder ideeller Art, die durch die Nutzung oder Nichtnutzung der Informationen bzw. durch die Nutzung fehlerhafter und/oder unvollständiger Informationen verursacht wurden, sind Haftungsansprüche gegen den Autor grundsätzlich ausgeschlossen. Ausgeschlossen sind daher auch jegliche Rechts- und Schadensersatzansprüche. Dieses Werk wurde mit größter Sorgfalt nach bestem Wissen und Gewissen erarbeitet und niedergeschrieben. Für die Aktualität, Vollständigkeit und Qualität der Informationen übernimmt der Autor jedoch keinerlei Gewähr. Auch können Druckfehler und Falschinformationen nicht vollständig ausgeschlossen werden. Für fehlerhafte Angaben vom Autor kann keine juristische Verantwortung sowie Haftung in irgendeiner Form übernommen werden.

Urheberrecht

Impressum

1. Auflage

Druckerei: Amazon Media EU S.á r.l., 5 Rue Plaetis, L-2338, Luxembourg

Kontakt: RPS Handel UG, Bahnhofstraße 129, 40883 Ratingen

Covergestaltung: www.depositphotos.com

Printed in Poland
by Amazon Fulfillment
Poland Sp. z o.o., Wrocław

50765576R00061